Hans Hollweg

Reime bringen Glück

Originalausgabe

ISBN 3-8311-1634-2

(C) 2001 Hans Hollweg
        CH-3084 Wabern bei Bern

Herstellung: Books on Demand GmbH
        Printed in Germany

Hans Hollweg

Reime

bringen

Glück

Verse
zum
Vergnügen

Im Januar überlegt
****

Jahreswechsel

Neuester Abreißkalender,
alter beachtlicher Blender!

Dünner wirst du alle 24 Stunden,
bist am Ende ganz verschwunden.

Poetische Ader

Es war einmal 'ne Zofe,
die liebte Apostrophe,
hat solche sehr geschätzt
und ständig gern gesetzt.

Mit sieben

Wer ist Agronom?
Was bedeutet Ohm?
Wann benutzt man Chrom?
Wie entsteht wohl Strom?
Ist mein Vati ein Phantom?
Wo denn liegen Ulm und Rom?
Welche Uni gab dem Onkel sein Diplom?

Sparbuch

Es war mal guter Zins
Fördrer des Gewinns.

Tennisspieler

Manche Amateure:
Profis als Charmeure!

Kalligraphie

Es war einmal ein Zeitvertreib,
den ich gereimt beschreib':
Man malte Briefe, lang wie viele Meilen,
tippte nicht nur sieben Zeilen.

Souvenirkiosk

Betört hätt' dein Andenkenstand?!
Gestört hat ganz schrecklich der Tand!

Eifrig

Von einem Zeitungsmann
wusst' niemand, ob er lesen kann.
Ich muss jedoch berichten:
Seine Pflichten
führte er gehörig aus,
trug Neues flott in jedes Haus.

Minuziöse Erläuterungen

Aller Anfang - der ist schwer,
bei Reden auch von alters her
das Ende immer wieder sehr.

Bitte dezent

Mit dem Zaunpfahl gab es einst Gewinke:
Unfein wirkt zu viel der Schminke.

Alles zu seiner Zeit

Die Arbeit versäumt,
wer tagsüber träumt.

Rosarot

Es war mal eine Werbung
erfolgreich nur dank Färbung.

Frostiger Norden, sonniger Süden

Uns Arme plagt nun kalte Langeweile,
ins Warme fliegen wir voll Eile.

Tempo im Strandbad

Es war mal eine Wasserrutsche,
diente, dass man sportlich flutsche.

Diagnose

Das Aufsatzschreiben liegt im Argen,
obwohl's die Schüler lang verbargen.

Ihr Stil ist furchtbar schlecht,
der junge Germanist hat Recht.

Geistiges Fitnesstraining

Es war einmal ein Waldlehrpfad
neben mächt'gem Hallenbad.

Jeder konnt' sich nach dem Schwimmen
in Botanik trimmen.

Tenöre unter sich

Vom Auftakt bis hin zum Finale:
Beim Singen hilft kaum Ihr Geprahle,
verehrter Kolleg' und Rivale.

Kuckuckseier

Es war einmal ein Vogel,
der mochte stets Gemogel.

Erwünschte Manipulation

Schnellstens sind Bedenken
andrer, wenn sie's wollen, abzulenken.

Übung macht den Meister

Einstens fehlte Virtuosen
auf Trompeten ein Lokal
und - trotz ihrer stolzen Posen -
Leichtathleten ein Pokal.

Reichlich reinlich

Benutze willig diesen Besen,
denn billig ist er nicht gewesen.

Poliere auch die Stube, Täubchen,
lass auf keiner Tube Stäubchen!

Sonderangebote

Es waren mal Verkäufe,
dass flink man Vorrat häufe.

Neuer Pächter

Sein Bestreben:
Überhöhte Preise preiszugeben.

Kultiviert

Es existierte mal ein Verb –
ich sag' es nicht, mir ist's zu derb.

Dumm und brav

In gutem Betragen
ist Benno beschlagen – –
doch muss man sich versagen,
ihn etwas je zu fragen.

Reise ohne Trauschein

Auch früher wehten durch Venedig
Lüftchen lieblich-lau.

Selbst Pärchen, welche ledig,
wussten dies genau.

Einmischungen verbeten

Jeglicher wirke
in seinem Bezirke!

Höhenflug

Es war mal eine Unterschrift,
geleistet wurde sie im Lift,
ging deshalb steil nach oben
und schien mir fast verschroben.

Kunstwerk

Man sieht auf jenem Bilde
Phantasiegefilde.

Der Maler war beflügelt,
sein Ehrgeiz ungezügelt.

Langsam, aber sicher

Von einer Universität
kam jemand ziemlich spät,
hat dennoch trefflich dort gesät,
wie sein Erfolg verrät.

Neu, dynamisch, unbeliebt

Das Blatt hat sich gewendet –
die Trägheit ist beendet!

Es wird in einer Tour gewetzt,
so will's der Mann, der jetzt
uns boshaft vor die Nas' gesetzt.

Im Februar entworfen
****

Manieren

Es war mal eine Überzeugung,
schaden könnt' es keinem Herrn,
dass er so manch Verbeugung
häufig zeigt und gern.

Es war desgleichen mal ein Knicks –
den konnten Mädchen fix.

Stillleben

Künstliche Blumen, die "blühen",
brauchen nie Wasser noch Luft –
doch freilich versprühen
sie keinerlei Duft.

Attraktion

Es war mal ein Trapez
im Zirkus-Zentrum stets.

Behände flogen Leute –
dies fasziniert auch heute.

Denkarbeit

Büros sind Orte, wo der Mensch besinnt,
wie er windgeschwind
allem Stress entrinnt.

Gewonnen

Es war einmal ein Tombola-Ergebnis,
entpuppte sich als Malaga-Erlebnis.

Karriere?

Etliche Chefs, auf die Leiter gehoben,
bleiben zum Ärger der Helfer dann droben.

Unentdeckte Mode

Es waren mal Textilien
zwecks Schutz vorm Wetter Utensilien.

Zauberkünstler

Eine Dame sieht er, welche schick,
ist unachtsam 'nen Augenblick -
und schon misslingt der Trick.

Hausmusik?

Von unsrer Terrasse erklangen
früher mal liebliche Geigen.

Auf winziger Gasse – dort sangen
die Bürger und tanzten gar Reigen.

Keine Saison

Ein traurig Dasein fristen
im Sommer jene Pisten.

Störungen

Es war einmal ein Telefon,
geklingelt hat's am Morgen schon –
lärmte dann den ganzen Tag,
wurde mehr und mehr zur Plag'.

Überlegenheit im Alter

Was man dann und wann erfährt:
Wer sich lang im Dienst bewährt,
ist im Ruhestande abgeklärt.

Schlagertexter

Es waren mal erste Tantiemen – Trubel
gab's im Hause durch extremen Jubel.

Gehaltswünsche

Der Direktor wäre respektabel,
wenn beim Zahlen er spendabel,
nicht hingegen miserabel.

Beobachter

Es war einmal ein Tannenzapfen,
sah Jung und Alt vorüberstapfen –
und fand von seinem Platze oben
die ganze Welt verschroben.

Ein Problem – und wie man's löst

Was bedeutet "Dutzend" –
denkt der Schüler stutzend,
sich die Nase putzend,
dann sein Lexikon benutzend.

Unerwünschter Sportler

Tamtam im Hafen machten Schwän'.
Da schwamm wohl unser Kapitän.

Natürliche Langsamkeit

In die Ecke
kriecht 'ne Schnecke,
kommet kaum vom Flecke.

Tenor aus Italien

Jeder musst' sich einst vor seiner
Stimm' verneigen.
Höher könnte einer
nie und nimmer steigen.

Medizin und Musik

Egon - erstes Fachsemester -
ist im Universitätsorchester
fraglos unser Bester.

Lärm und Rhythmus

Es war einmal ein Stepper,
vollbrachte nur Geschepper.

Geschäftsreise

In guten Ehen
freut man sich aufs Wiedersehen.

Zimmermädchen

Entfernt einst wurden Stäubchen
seitens Frau mit Häubchen.

Bild

Jene Engelsgleiche
sitzt am Teiche
unter knorrig-ernster Eiche.

Zusatzarbeit

Erhalten
hat ein Sportler einstens weitere Bürden:
Verwalten
musste er gleich alle Hürden.

Korrektur statt Auskunft

"Wie heißen die Entdecker
von Armbanduhr und Wecker?"

"Man sagt 'Erfinder'", lässt Herr Becker
ertönen unwirsch sein Gemecker.

Frierkatze

Es gab mal Sonnentage
in einem Winter, reich an Schnee,
damit ich nicht verzage,
hingegen mich ins Freie wage
und forsch spazieren geh'.

Gewinn ohne Verlust

Erfahrung lehrt
ganz unermesslich - -
deshalb wär's verkehrt,
wenn man vergesslich.

Umzug

Einst gepredigt
hatte Sonja ihrem Schatze prophylaktisch:
"Erledigt
wird das Packen möglichst praktisch."

Im März beachtet
****

Ferienarbeit

Während der Erholung
wandern Schuhe zur Besohlung.

Versteckter Freund

Ein äußerst scheuer Sonderling
hatte viele Grillen,
wurd' geschätzt gar sehr gering,
half dennoch oft im Stillen.

Missionar

Neuer Ernährung Begründer
fühlen sich stets als Verkünder
dessen, was fraglos gesünder.

Erinnerung

Es war einmal an Sommertagen,
dass Leute in der Sonne lagen.

Nachdenklich

Erstklässler fragen geschwind:
"Woher weht so hurtig der Wind?"

Das Antworten fällt dem Herrn Lehrer
in jedwedem Schuljahre schwerer.

Ferien einst

Es war einmal 'ne Sommerfrische –
man wurd' dort munter wie die Fische.

Profit

Täglich ein guter Ertrag:
Erträglich macht rasch er den Tag.

Aufstieg

Einmal war ein Sekretär
nach der Heirat Millionär.

Altes Ehepaar

Die beiden sind trotz ihrer Faxen
sich felsenfest ans Herz gewachsen.

Einseitig

Es hatten einmal Schwimmer
vom Rudern keinen Schimmer.

Miese Machenschaften

Mit fremden Federn sich zu schmücken,
kann halt nicht auf Dauer glücken,
hat noch nie geklappt. -
Man wird gewiss ertappt.

Gegenwind

Es war einmal ein Schwätzer,
erwies sich stets als Hetzer,
hat steife Brisen gern gesät,
bis Sturm ihm ins Gesicht gebläht.

Fingerfertigkeit

Schaust enorm bedripst,
wenn du daneben tippst.

Musst besser dich halt konzentrieren,
weil keine Fehler dann passieren.

Federhalter

Es war einmal recht angemessen,
dass man 'ne schöne Schrift besessen.

Menschlich

Auch ein Fernsehsprecher
wirkt zuzeiten schwächer.

Klamauk

Es war einmal ein Schrank
Versteck in manchem Schwank.

Aktive Gäste

Alle seien unbedingt
heiter, froh, beschwingt -
und das Fest gelingt.

Zwerge

Es war einmal Schneewittchen –
des Mädchens Freunde gingen Schrittchen.

Großzügig

Der heut'ge Film im Fernsehn –
vor Jahren skandalös!

Kein Mensch macht jetzt Getös' –
verblüffend Phänomen!

Störenfriede

Es waren einmal schlimme Schlingel,
drückten grundlos jede Klingel.

Voraussetzung

Fleiß bleibt stets Bedingung
für Erfolgserringung.

Lange her

Es waren mal Schlaraffen,
die brauchten nichts zu schaffen.

Wählerisch

Zwei Förster gehen durch den Wald –
und beide frieren ziemlich bald.
Doch draußen scheint die Sonne viel zu sehr,
das Richt'ge finden: häufig schwer!

Tönende Ankunft

Ein Schiff
mit Eleganz und Schliff
bewies im Hafen Pfiff.

Geheimnisse

Fragen stellen wir oft viele –
und keine Antwort führt zum Ziele.

Männchen

Es waren einmal Scherenschnitte,
die zeigten kerngesunde –
besonders schöne Hunde.
Sie übten "bitte, bitte".

Rätselhafte Reaktion

Die Frau gibt ihrem Mann Bescheid:
"Es tut mir Leid,
ich brauch' ein Kleid."

Ob er zum Kaufe wohl bereit?

Filmschnitt

Es kam mal eine "Schere"
dem Clowne in die Quere.

Der Regisseur nannt' Späße "infantil".
Sein höchstes Ziel
war ernstes Spiel.

Mit Würde

Fürsten, nicht phlegmatisch,
turnen akrobatisch,
aber dennoch - aristokratisch.

Versteht sich

Es waren einmal Schäume -
entstanden klar durch Träume.

Zufriedener Bauherr

Gabriel betont
in seinem Dialekt:
"Enorm belohnt
gehört der Architekt."

Im April betrachtet
****

Oberflächlich

Es wurde mal eine Satire
geboten von miesester Schmiere.

Gar schlecht war das Ganze gemacht,
die Zuschauer haben gelacht -
mitnichten den Sinn jenes Stückes bedacht.

Geschmackvolle Torte?

Ist diese Garnierung
'ne schöne Verzierung?

Notorischer Nörgler

Es war einmal ein Rundfunkhörer
bei Sendern ständ'ger Ruhestörer.

Der Ton macht die Musik

Sofern Sie erste Geige spielen,
dann bitte von den vielen
die richt'gen Tön' erzielen.

Holz mit Rädern

Es war einmal ein Roller,
ein wirklich wundervoller,
beflügelt hat er Kinder,
täglich fuhren sie geschwinder.

Vom Patentamt abgelehnt

Mancher Geistesblitz
bleibt Privatbesitz.

Treffend

Es war einmal ein Rittersporn,
der hatte stets die Nase vorn.

Ob dies an seinem Namen liegt?
Ob mächtig schwer derselbe wiegt?

Kredit

Durch Geld, das Gustav sich geliehen,
sind seine Firmen recht gediehen.
  Produktiv hat er sinniert,
  hurtig-frisch hantiert,
hätt' Misserfolg sich nie verziehen.

Bemerkenswert

Es lebte einst ein Riesenhund,
die Größe war – na klar – der Grund,
dass keiner ihm zu nahe trat.

Bei großen Tieren von Format
sind Menschen in der Tat
auf Draht und akkurat.

Vor der Abreise

Gepäck tut Not, doch nicht zu viel –
und leichter kommen Sie ans Ziel.

Hobbyautor und Verlag

Einst raunte ein Rektor galant:
"Für herrliche Bücher – Ihr Lektor Garant."

Schichten der Gesellschaft

Praktiziert allein Gesindel
Schwindel?

Dusche

Es war einmal ein Regenschauer,
machte uns Touristen sauer –
jene fix vor allen Dingen,
die ohne Schirm spazieren gingen.

Lotterie und Co.

Gewinne sollt's im Leben
regelmäßig geben.

Vierzehn Farben

Ein stolzer Regenbogen,
der übern Bodensee gezogen,
beschaute sich in dessen Wogen.

Marienkäfer

Solche bringen Glück - selbst Leuten,
denen sie rein nichts bedeuten.

Talkshow

Es war einmal ein Redeschwall,
der glich dem größten Wasserfall.

Kein Ehekandidat

Geschnitten ist ein Hagestolz
aus fraglos unbeugsamem Holz.

Dass er so wäre - mancher wollt's.

Theater und Zeitung

Es kritisierten einstens Redakteure
auch berühmte Regisseure.

Wecker und Geweckte

Der Hahn
kräht laut: "Nun wird's bald tagen!"
Getan
hat er's mit Wohlbehagen.

Es sagt, wenn's tagt, ein Huhn:
"Kein bisschen mir behagt dein Tun."

Zwecks Entwöhnung

Es war einmal ein Raucher,
der wurde Langzeittaucher.

Süße Fee im Wald

Bei den Hasen wohn' ich,
füll' in Vasen Honig.

Kunstkritik

Es war einmal ein Rabe,
den ich gezeichnet habe.

Der Eitle hat mein Werk betrachtet,
sich aber nicht erkannt,
was ich erstaunlich fand.

Ob er mich jetzt verachtet?

Tier in Nachbars Garten

Eine Häsin hör' ich pfotenringend drüben:
"Brauche, lieber Meister, dringend Rüben."

Ad acta

War einmal ein Protokoll,
das erregte ringsum Groll,
weil's verblüffend subjektiv.

Gelegt hat man's dann vorwurfsvoll
für immer ins Archiv.

Die Ehefrau erwartet Gäste

Der Hausherr muss sich nun entscheiden,
recht schick sich zu bekleiden,
will Ärger er vermeiden.

Sonnige Werbung

Es war mal ein bunter Prospekt -
voll Reiselust, die angesteckt.

Vorgesetzte in Botschaften

Gehört Hierarchie
zur Diplomatie?

Liselotte

Eine Prinzess
war grenzenlos kess.

Wasserscheu

Ist der Himmel blau,
werden alle munter,
wetzen hurtig aus dem Bau. –
Doch kommt von oben Nass herunter?

Im Mai gefühlt
****

Schüchtern

Es war einmal ein Prinz,
der liebte nur Provinz.
Die Stadt hat er entschieden
gemieden.

Imbiss auf der Straße

"Hunderttausend Hinterwäldler wandeln",
wundert sich der Koch beim Handeln.

Geglückt?

Wollte einst 'ne bessre Position –
für die Ehre – – und den Lohn.

Sehnsucht

Hochzeitsglockengeläute:
Traum verhinderter Bräute –
gestern, morgen und heute.

Casanova am Klavier

Ein charmanter Pianist
war besser klar, als du es bist.

Wenn die Muse nach ihm rief,
ließ er seine Klänge hören,
spielte hoch und spielte tief,
konnte jede Frau betören.

Männer sahn im Instrumente einen Kasten,
der bestückt mit monotonen Tasten.

Gerügte Hähne

Der Hühner höchst beredt Gegacker:
"Vom Miste geht, ihr Racker!"

Erfinder in Gedanken

Es waren einmal Philosophen,
saßen grübelnd hinterm Ofen,
haben eifrig nachgedacht:
Wie würde wohl vom Keller aus
das ganze Haus
gemütlich warm gemacht?

Vor der ersten Liebe

Ilse ist inzwischen groß,
weiter aber burschikos.
Schminkmethode,
Schmuck und Mode
sind für sie bedeutungslos.

Trotz

Es war einmal ein Pflaumenbaum,
der hatte einen Lebenstraum:
Er wollte goldne Birnen tragen -
reichlich gab ihm dies zu nagen.

Weil niemand seinen Wunsch erfüllt,
hat er in Schweigen sich gehüllt
und brachte Pflaumen, wie er's musst' -
doch kleine nur und ohne Lust.

Doppeltes Fehlverhalten

Die Innung hat Ingo blamiert
und dann noch 'ne Lippe riskiert.

Diskret und geduldig

Es war einmal ein Park,
drin saßen Leute, aßen Quark –
haben fröhlich Spaß getrieben
oder einen Brief geschrieben.

Auf Bänken, die versteckt,
da schmusten Pärchen nach Belieben –
blieben unentdeckt.

Der Park konnt' vieles hören,
ließ keine Spur sich stören.

Hilfreich

Ich erkläre ungeschminkt:
Weiter kommt man mit Instinkt.

Naturstrände

Es waren einmal Paradiese. –
"Immer mehr
Touristen her",
hieß plötzlich die Devise.

Die Urbevölkerung ist jetzt
nervös und furchtbar abgehetzt,
das Land verborgen unter Schutt.
Der Schönheit Glanz ging schnell kaputt.

Entwicklungen

Mancher, der als Junge ausgelacht,
hat's später zu Erfolg gebracht.

Die Spötter haben nichts errungen
und sehen sich zu Neid gezwungen.

Sprechplatten

War mal ein Paket,
dessen Inhalt höchst beredt.

Frühlingsstimmung

Nach langer Kälte ist's soweit:
Vom Eise wird das Herz befreit –
nun kommt der Liebe Blütezeit.

Wien und die Welt

Es war mal ein Orchester,
das spielte an Silvester
– geerntet hat's Applaus –
Musik von Johann Strauß.

Dirigent und Sängerinnen

Der Kapelle Meister sollt' mit Nachtigallen
nie zusammenprallen.

Jene lassen sich das nicht gefallen -
und die Türen knallen.

Unsanft

Es waren Oliven und Feigen -
sie träumten verschlafen an Zweigen.

Der Gärtner hat wach sie gerüttelt
und rücksichtslos runtergeschüttelt.

Erfolgreiche Komödie

In die Kasse fließt viel Geld,
weil das Stück der Welt gefällt.

Zu Beginn schon Riesentrubel –
bis zum Ende welch ein Jubel!

Am Rhein

Nymphen
standen einmal neben stolzem Recken.
Rümpfen
wollten sie die Nas', um ihn zu necken.

Tenor

Aus seiner Kehle
klingt die Seele.

Häppchen

Es war mal eine Nuss,
die schwamm in schmalem Fluss.

Richard hat sie rausgefischt,
gut verpackt,
zu Haus geknackt
und dann als Nachspeis' aufgetischt.

Änderungsschneiderei

Ein Kennerblick –
und mittels Trick
wird's alte Kleid noch schick.

Schlüssel zur Welt

Kam einmal ein Notenständer
dank Tourneen durch alle Länder,
zierte manch berühmten Saal. –
Musik ist international.

Entdeckungen

Wie oft sind Kinder
Erfinder!

Schnell gealtert

Es war einmal ein Mosaik
nach sieben Wochen schon "antik".

Fürs Gemüt

Im Kino dient halt Herz
hauptsächlich dem Kommerz.

Stein und Steinchen

War einmal ein Mineral,
hat geglitzert epochal,
wurd' ruck, zuck
edler Schmuck.

Grundschule

Den Kleinen wird baldigst erkenntlich:
Nicht alles ist ihnen verständlich.

Museum

Es war einmal ein Meisterwerk
der Besucher Augenmerk.

Im Juni geschrieben
****

Misstrauischer Taugenichts

Wer seine Kollegen verdächtigt,
ist selten zu solchem berechtigt.

Richard Wagner und Hobby

Es war einmal ein Meistersinger
privat der beste Redenschwinger.

Subjektiver Lustgewinn

Komplimente
erfreuen auch Intelligente.

Saison

Es war einmal ein Meer
in Herbst und Winter menschenleer,
im Sommer aber voller Badegäste -
sie amüsierten sich aufs Beste.

Dickes Fell

Bei keinem Konflikt
ist "Frechdachs" geknickt.

So kann es passieren,
dass pampig er blickt,
wenn Lehrer ihn strafend fixieren.

Arbeitsessen

Es waren einmal Mäuschen,
welche niedlich tagten,
wobei sie ohne Päuschen
vornehm-appetitlich nagten.

Verspätet oder verfrüht?

Wissen Sie, was in Konzerten oft geschieht?
Abends hören wir ein Morgenlied.

Münze

Es war einmal 'ne wunderschöne Mark,
die lag in kolossal gepflegtem Park.
  Gefunden wurde sie
  aber nie. -
Wie gut das Geldstück sich verbarg!

Betriebstreue

Sie wollen eine Künd'gung schreiben??
Problemen trotzen - - endlos bleiben!

Alles ist vergänglich

Es war mal eine Mär
beachtlich populär.

Sie wurd' indessen
längst vergessen.

Manager, Produzenten usw.

Wollen Künstler unvergleichlich
stets nach oben immer weiter,
gibt es fraglos unausweichlich
ständig mehr Begleiter.

Gernegroß

Werden wollte einst 'ne Mandarine
kess zur schönsten Apfelsine.

Weil ihr dies misslungen,
ist sie fix vom Baum gesprungen.

Achtzehn

Dein Lächeln: hintergründig!
Und erst seit heute bist du mündig.

Monarch

Es war mal eine Majestät
von früh bis spät
erstaunlich aufgebläht.

Altphilologe Dr. Müller tut kund

Keineswegs seid dumm ihr doch,
wie ständig aus ihr seht,
hingegen viel, viel dümmer noch –
in toto fest das steht.

Ihr lernt Latein ganz sicher nie,
weit lieber lauft ihr ja auch Ski.

Es bleibe vom Gymnasium weg,
wer ungern turnt am geist'gen Reck.

Lösung?

Es war mal eine Maid,
gewusst hat sie Bescheid:
"Die Männer sind durchtrieben!"

Ledig ist sie drum geblieben.

Geräusche

Das Lautsein andrer ist empörend
störend.
Eigner Lärm spielt keine Rolle,
Klänge sind's - ganz wundervolle.

Immerhin

Es war einmal ein Mädchen -
nicht auf Draht, jedoch auf Drähtchen.

Bald gibt's Zeugnisse

An der Lehrkraft Lippen hängt,
wer von Wissensdurst bedrängt.

Romantik oder Kitsch?

Es waren einmal süße Lieder
von herrlich weißem Flieder.

Tausendstel Sekunden

Wär' beliebt der Leistungssport,
gäb' es nicht in einem fort
rasch 'nen neuen Weltrekord?

Gewohnheit

Es waren einmal Leute
- lebten in vergangnem Heute -,
denen Technik kaum beschieden.

Waren dennoch sie zufrieden?

Tarife

Jede Lektion
bringt Schulmeistern Lohn.

Gasbeleuchtung

Manche Laterne
wurde vor einem Jahrhundert
äußerst bewundert.

Bei Dunkelheit Sicht
gewährte das Licht –
Ersatz für den Mond und die Sterne?

Kurhausunterhaltung

Täglich gibt's 'ne heitre Lesung
zwecks Genesung.

Repräsentativ

Es war einmal ein Lappen,
ich konnt' ihn schnellstens schnappen,
fix benutzen
und mein Wappen
prächtig putzen.

Verhalten

Leut', die gern und häufig stören,
sie verlören
schroff bei andern die Geduld.
Ärger gäb' es und Tumult!

Ausverkauf

Es war einmal ein Lager
zweimal jährlich mager.

Aufmerksamkeiten

Ihren lust'gen Liebeleien
lassen viele Sorgfalt angedeihen.

Handarbeit

Einst bestand so mancher Laden,
Wolle gab's dort, Zwirn und Faden.

Im Juli skizziert
****

Abgebrüht

Nicht jeder errötet,
wenn Lügen er flötet.

Neu und befremdend

Ertönen
ließen Kritisierer einstens allerhand,
verhöhnen
wollten sie die Stummfilmkunst als Tand.

Geschwätzig

Luise hat 'ne gute Lunge,
spricht rasant, ist sie im Schwunge,
trägt das Herz gern auf der Zunge.

Kräftig

Es war mal ein Konzert –
Trompeter haben alle Tempi arg verzerrt.

Galeriebesitzer und Dilettant

Eins muss ich mir ausbedingen
und energisch darauf dringen:
Endlich sollt' es Ihnen jetzt gelingen,
Lust zum Malen zu bezwingen,
weil Gekleksel Sie nur fertig bringen.

Betriebsklima

Es war mal ein Konzern,
gewerkelt hat dort jeder gern.

Fußball

Keine Mannschaft ist zufrieden,
denn das Spiel blieb unentschieden.

Alt-Heidelberg

Es war mal ein Kommilitone –
zweifelsohne
harrte seiner eine Krone.

Herzlichkeit

In Mansarden geht's den Gästen
häufig besser als in Glanzpalästen –
vieler Protzer wegen,
die Gewicht auf Äußres legen.

Wolle

Es war einmal ein Knäulchen,
die Katze trug's hinweg im Mäulchen.

Für Charakterlose

Ihren Mantel fix nach allen Winden drehen,
mögen sie woher auch immer wehen.

Sind wohl solche Typen angesehen?

Feigling und Draufgänger

Zwei Knaben gingen einst durchs Korn:
Hugo hinten, Volker vorn.
Der eine blieb aus Angst zurück,
der andre machte fern sein Glück.

Der Redenschwinger Redeschwall

Vielen, welche gerne aufgeschnitten:
Jedes Maß ist ihnen flugs entglitten.

Die Zeiten ändern sich

Es war einmal ein Kino,
draus wurde ein Kasino.

Dorfschönheit und Lotto

Das Mauerblümchen grau
gilt als attraktivst Persönchen,
wenn am Samstag diese Frau
erntet ein Milliönchen.

Vielleicht auch heute

Einstens waren *Kell-*
ner Menschenkenner,
brachten Gäste *schnell-*
stens auf den richt'gen Nenner.

Literaturquiz

Wer vertritt die Meinung,
er sei Geist beständig der Verneinung?

Der Dame zuliebe

Es war einmal ein Kater,
spazierte durch den Prater.

Weil eine schöne Katze bat,
fuhr Murr mit ihr brav Riesenrad,
obwohl er sonst die Höhe mied.

Ich glaub', dass derlei oft geschieht.

Im Freien

Tummeln
müssen sich Melitta und auch Hans;
Hummeln
machen ihnen Beine heut beim Tanz.

Nachwuchs und Nostalgie

Es war einmal ein Karussell
kein kleines bisschen aktuell.

Die Technik hatte längst es überholt,
drum wurd' der Eigentümer sehr verkohlt.

Doch Kindern hat es Spaß gemacht –
das alte Stück hat Glück gebracht.

Vorlaut

Manche Menschen sind halt äußerst keck,
dennoch schlägt ihr Herz am rechten Fleck.

Marc Aurel

Es war einmal ein Kaiser,
der wurde täglich weiser.

Theaterferien

Wen und was wir arg vermissen?
Mimen, Sänger und Kulissen.

Künstlerische Verstellung

Es war einmal im Kabarett
der Clown besonders nett –
machte seine Nummer zwar sehr dämlich,
gut als Dummer war er nämlich,
sprach beharrlich mit Bedacht banal,
trotzdem gab's in keiner Nacht Skandal.

Erstes Atelier

Möbel sind an Wänd' gemalt
und die Farben kaum bezahlt –
doch der Nachwuchskünstler strahlt.

Kleinod

Es war mal ein Juwel –
wem's nicht gehörte, schaute scheel.

Mindestens

Treibt Mode auch Allotria,
ein jeder folgt ihr hier und da.

Handtuch?

Zwei Jungen gingen durch 'ne Gass',
geregnet hat's, sie wurden nass.
Dann schien die Sonn' hernieder,
hat bald getrocknet beide wieder.

Marktfrau und Tochter

"Betören
kann, wer sich so recht bemüht.
Zehn Möhren
füll behutsam in die Tüt'."

Eitelkeit

Es war mal eine Jacke,
hatte jene Macke:
Wollte keinen Mantel dulden,
lieber Schnupfen schnell verschulden.

Arbeitsalltag

Wie häufig gibt's Momente,
da denkt man nur an Rente.

Im August sinniert
****

Ohne Trauschein

Einstens hatte Inge ihren Robert,
doch Eheringe nie erobert.

Kinder?

Die Mutter hat sich aufgedrängt,
ans Liebespärchen sich gehängt
und überall hinzugezwängt.

Sport und Nachbars Dackelin

Einmal sah man meinen Hund sich mopsen
und mit offnem Mund mich hopsen.

Warum du da abhanden
fast ein halbes Stündchen -
flugs hatt' ich's verstanden,
weiß mein Hündchen.

Musterschülerin

Enorm ist Nadja aufgeweckt,
weswegen ihre Nase stets in Büchern steckt.
Verbissen wird das Kind geneckt.

Ländliche Laute

Welch Huhn hatte einmalig wacker begonnen
und deshalb das Wettkampfgegacker gewonnen?

Entdeckung?

"Nebel" liest man rückwärts "Leben",
doch von hinten gleich bleibt "neben".

Zusätzliche Beine gekriegt

Es war mal ein barocker
- ziemlich teurer - Hocker;
hatte in der Waschküch' Platz gefunden,
ist ganz plötzlich dann verschwunden.

Klettertour ohne Sessellift

Ihr habt Nerven wie aus Draht ein Seil,
wollt' zu Fuß auf Berge alleweil -
wo die Wege schmal und steil.

Schnee von gestern

Es war einmal ein Herd
verblüffend und beachtenswert.

Er konnt' elektrisch kochen –
im Keller hat der alte sich verkrochen.

Gerücht

Das Neuste ist in aller Munde:
Die weltberühmte Tafelrunde
erlebte letzte Geisterstunde
'ne epochale Schrecksekunde. –
Kein bisschen Wahrheit liegt zugrunde.

Sisyphus?

Es war mal eine Henne,
deren Namen ich nicht kenne.

Unentwegt
hat Eier sie gelegt.

Der Bauer schleppte alle flugs von dannen,
wenn auch dicke Regentropfen rannen.

Ausgebrütet nie
hat ein Küken sie.

In acht Tagen durch Europa

Wir suchen nun Nixe und Fee
für eine gar fixe Tournee.

Filmerfolg und Selbstbewusstsein

Hemmungen hatte ja einst mancher Star,
als jung er und unbekannt war.

Programmgestaltung

Episodisch
die Nummern im Varieté,
methodisch
ist dennoch, was dorten ich seh'.

Hilfskräfte

Es war einmal ein Heinzelmännchen,
spülte Teller, Tassen, Kännchen.

Gute Mittel gaben Duft,
abgetrocknet hat die Luft.

Oder umgekehrt

Orchideen
werden niemals zu Kakteen.

Dinge, die verschwanden,
kamen klar abhanden.

Musikalische Lauscher

Es war einmal ein Hase,
hieß Lampe Löffelohr.

Er hörte einen Männerchor
und rümpfte recht die Nase.

Skilifte

Manch herrlich Panorama
ist leider nur noch Fama.

Nachtlokale

Es war einmal ein Hafen –
Matrosen ließ er selten schlafen.

Kein Optimist

"Pech", verkündet Pessi, "ich erwart's."
Er sieht halt rabenschwarz.

Vorzimmerdame

Es waren einmal strenge Grenzen –
geöffnet wurden sie von Referenzen.

Der Feierabend winkt

Wir dürfen uns gestatten,
allmählich zu ermatten,
nachdem wir viele Pflichten hatten.

Schabernack

Es waren einmal Gladiolen,
die erlaubten sich im Garten
- Experten staunten, starrten -
Ulk und Kapriolen.

Ihre Blüten
auf den Zwiebeltüten
hatten gänzlich andre Farben. -
Ob Händler irreführend warben??

Freundlich

Jeder Philantrop
spendet eifrig Lob.

Englische Literatur

Es war mal ein Gespenst,
das du vermutlich kennst.

Aber wer beschrieb
den Spuk, den's öfter trieb?

Hunde als Briefträger

Schlauer Piloten
Post liefern Boten –
flink deren Pfoten!

Doppelte Unzufriedenheit

Es war mal ein Geschenk,
dem Spender bracht's Gezänk.

Was Falsches hat er überreicht,
Erwünschtes wählen - nie ganz leicht.

Selber kochen und sparen

Preise - astronomisch -
nennt man heute "gastronomisch".

Hase und Igel

Es waren mal Gefährten,
die sich von Rohkost nährten.

Dem einen wuchsen lange Ohren -
keinen Stachel hat der andre je verloren.

Image

Ernsten Publikums Idol
ist privat gar oft frivol.

Illusionen und Wirklichkeit

Es waren aus Gedanken mal Gebäude,
die machten später keine Freude.

Im September notiert
****

Mieses Lotto, verschnürtes Paket

Solch niedrige Quoten –
sie knicken!

Kann's Öffnen der Knoten
erquicken?

Naschkatze

Es war einmal ein Fohlen,
schlich ins Haus verstohlen,
wollte Würfelzucker holen.

Geplante Abkühlung

Ich fahr' mit 'nem böhmischen Rad
zum römischen Bad.

Adaptiert

Es war mal 'ne Flocke aus Schnee,
fiel funkelnd in riesigen See - -
hat angepasst sich blitzesschnell,
wurde Wasser auf der Stell'.

Burgenland

Für Radler ist 'ne Ebene
sicher das Gegebene.

Tradition

Es war einmal ein Fliederstrauch,
verströmte Duft nach altem Brauch,
hat neue Sitten streng vermieden -
Vater Flieder war zufrieden.

Quiz im Gymnasium

Großes Rätselraten:
Wann gab's wo Dukaten?

Auskunft hat der Lehrer dann begehrt:
Ein Batzen hatte welchen Wert?

Urlaub am Neusiedler See

Taten einst, was wir
mit Fleiß vermochten:
Zu Bündeln wurde hier
der Mais "geflochten".

Tadellos und doch getadelt

Kommt Regen auch aus einem Guss -
erboste Wandrer sprechen von "Verdruss".

Gepäckträger

Befrachtet
wart ihr einstens nur mit Firlefanz,
entfachtet
dadurch Ärger bei Herrn Franz.

Lotto, Toto, Lotterie

Eine Reise um die Welt beginnt,
wer erklecklich Geld gewinnt.

Liebe im Norden

Es war einmal ein Finne
Spezialist in Minne.

Werbespot mit Musik

Während der Reklamelänge:
lahme Klänge.

Alte Liebe

Es war einmal ein Finkenpaar,
ein wenig ältlich beide zwar,
jedoch verliebt wie in der Jugend.

Treue - sie ist eine Tugend.

Zu gutmütig

Verdienen würden viele mehr Respekt,
werden aber nur geneckt.

Eile und Weile

Es war einmal ein Fink,
der flog auf einen Ast gar flink,
blieb dorten sitzen eine Stunde,
schaute ruhig in die Runde.

Eisclown

Gelacht
hat "mein" Revuedirektor bei den Proben.
Die Pracht
wird's Abendpublikum noch loben.

Zahn der Zeit

Es war einmal ein Fernsehstar
an der Spitze viele Jahr'.

Plötzlich wollt' ihn niemand mehr,
dieses wurmte ihn recht sehr.

Vergnüglich?

Soll ich dich zum Rummel bringen,
wo Catcher mit Gebrummel ringen?

Kontra und Pro

Es war einmal ein Fernsehredakteur
verschroben,
aber in den Chefetagen oben
musst' man seine Arbeit loben,
machte ihn zum Regisseur.

Alle Jahre wieder

Zur Sanierung einen Plan
haben Post und Eisenbahn
guten Willens kundgetan.

Verwandtschaft

Es war mal ein Fernsehgerät,
gedient hat's von früh bis ganz spät,
oft Leises geboten und häufig Tumult.

Ein Bildschirm beweist
wie Papier halt Geduld –
was allerhand heißt.

Geständnis

"Ich liebe dich" - ein kurzes Sätzchen,
gern gehört von Schatz und Schätzchen.

Früher sportlich - später zänkisch

Es war mal eine Fee,
ihr seht sie da auf diesem Foto tauchen.

Im Alter konnt' die Frau beim Tee
beharrlich übers Toto fauchen.

Heuchler im Theater

Der Schauspieler tat seine Pflicht:
Er riss im Rampenlicht
Tartuffe die Maske vom Gesicht.

Entwicklung oder Metamorphose?

Es war einmal ein Falter,
der hieß Zitronenwalter;
und weil noch jung an Jahren,
flog flott er übers Feld,
hat aber bald erfahren:
Der Jugend forsch Gebaren
vergeht im Fluge unterm Sternenzelt.

Schafzüchter und Straßenarbeiter

"Du müsstest dich beim Scheren tummeln!"
"Ihr dürftet nie beim Teeren schummeln!"

Vorsorge

Es war einmal ein Faden,
behob 'nen Mantelschaden.

So wurde Kälte kein Problem –
doch auch nicht angenehm.

Intelligenztest

Schildbürgerstreich':
Dumm – und zugleich
ständig an Aufschluss recht reich.

Der Rede wert?

Es war einmal ein Fabrikant
zur Sekretärin sehr charmant.

Im Oktober bemerkt

****

Jede Woche ein Vergnügen

Der Schlingel hat an Donnerstagen
im Tingeltangel Schaum geschlagen.

Wer fühlt sich betroffen?

Es war mal ein Examen,
verdiente kaum den Namen.

Wär's bisschen schwer gewesen nur,
hätt' jener jetzt kein Abitur.

Gesprächspartner?

Wer zu einem Schneemann etwas raunt,
sei bitte nicht erstaunt,
wenn dieser dann die Stirne runzelt -
oder auch ein wenig schmunzelt.

Ferienhaus mit Klavier

Übten einst Etüden deine Söhne,
hörte man im Süden reine Töne.

Normale Konsequenz

Wer andern alles, was es gibt,
beharrlich in die Schuhe schiebt:
Wie rasch ist er höchst unbeliebt!

Geheimnis des Autors

War mal 'ne hübsche Erzählung
über 'ne schöne Vermählung,
welche zustande einst kam. –
Blieb das Paar wohl monogam?

Von Berufs wegen

Manch trefflicher Schüler im "Faust"
wird emsig von Lehrern zerzaust.

Begründung

Enkel sind mitnichten Engel,
dachte Opa einst bei Gerds Gequengel.

Oktoberfest und Sonnenschein

Sind Shorts wohl die richt'ge Bekleidung?
Welch wicht'ge Entscheidung!

Schulzeit

Es war einmal ein Ende
weit entfernt - dann kam's behände.

Grenzen der Kritik

Diese Show: wie oberflächlich!
Unbeschreiblich - unaussprechlich!

Forscherdrang

Elisabeth und Elke gingen durch ein Land,
das ihnen keine Spur bekannt.
Sie wussten über nichts Bescheid,
waren aber lernbereit.

Intriganten

Ihr habt Spiele - abgekartet -
tückisch-dreist gestartet!

Wolken unter blauem Himmel

Es war mal eine Eisenbahn,
die dampfend ihre Pflicht getan.

Strebsamer Rat

Um Sport und andres mit Erfolg zu treiben,
musst laufend du am Balle bleiben.

Wer stets sein Ziel im Aug' behält,
erreicht Verschiednes auf der Welt.

Bevor die Singles kamen

Es waren einmal Eheringe
epochal begehrte Dinge.

Ansporn

Geschwind wird das Spülen
- Sie können's ja fühlen -
von Tellern erträglich,
begleitet man's heiter
mit Trällern tagtäglich.

Nur munter so weiter!

Reine Luft

In Duetten
übten sich vor langem Radler.
Sich zu retten -
suchte da ein Adler.

Chef und Lehrling

Mein lieber neuer - treuer? - Stift:
Na klar, dass dich die Steuer trifft.

Herzhaftes Futter

Es waren einmal Doggen -
mochten Brot aus Roggen,
ließen Hundekuchen stehn.

Für Werbung fotogen?

Unterrichtsvorbereitung

Lernen müsstest du zuerst,
wie du spürbar besser lehrst
und nicht den Stoff erschwerst.

Abhängig

Es war mal ein Direktor,
der brauchte stets auf jedem Sektor
einen Hilfsinspektor.

Telefonisch

Erzählt er durch die Strippe,
nimmt mancher manchen auf die Schippe.

Von Angesicht zu Angesicht –
täte er dies nicht.

Auftritt des Chefs

"Seinen" Diener an die Wand
spielte einst ein Wiener Intendant.

Spielzeugchronometer

Zur vollen Stund' erklingen Glöckchen,
sieben Tanzfeen schwingen Röckchen.

Unterschätzte Unterhaltung

Es war einmal ein Dichter,
verdiente nur ein Lorbeerblatt,
zum Kranz hat's nicht gereicht.

"Für solchen viel zu seicht
ist das, was H. geschrieben hat",
bemängeln Belletristik-Richter.

Belohnung erwünscht

Wer sein Tagwerk treibt beflissen,
möchte auch 'nen Leckerbissen.

Preis der Schönheit

Es war einmal ein Diadem,
das trug sich furchtbar unbequem.

Lehrerkonferenz

Jeder spricht, doch in der Tat:
Keiner weiß halt Rat.

Künstlers Bemühungen

Er musst' sich einst gymnastisch
mit einem Denkmal placken,
schuf ungeheuer plastisch
aus hartem Steine Kopf und Nacken.

Letztes Schuljahr

Hinterdrein
kommt Tätigsein. –
Vielen graust's im Vorhinein.

Im November gegrübelt
****

Kleiderordnung

Es gab einmal Debatten:
"Wem dienen wohl Krawatten?"

Temperament im Garten

Elastisch-schwungvoll fliegt 'ne Taube
phantastisch flott zur neuen Laube.

Über dem Kopf

Es war einmal ein Dach
auf einem Haus am Bach,
hat tausendfach
den Menschen drunter sehr genützt,
vor Regen, Kälte, Hitz' geschützt.

Weder Mimik noch Gestik

Wichtig sind am Telefon
der Worte Wahl und Redners Ton.

Fußball im Geschäft

Die Chefin schimpfte einstens tüchtig
mit ihren Sportbericht-Gesellen:
"Ihr seid und bleibt halt süchtig
nach Schwätzen über Bagatellen."

Schlecht für Werbung

Natürlich steht längst fest,
dass du mit diesem Text
die Leute eher neckst. -
Gewiss kommt bald Protest.

Abgelehnter Berufswechsel

Es war mal ein Chauffeur
erfolgreich als Jongleur,
blieb dennoch Amateur.

Außendienstlerversammlung

Wir lesen
Thesen
über Spesen.

Atmosphäre

Schrieben adrette Caféstuben-Wiener
fesch um die Wette einst Alexandriner?

Am Herd

Aus einem Topf, 'nem übervollen
ist Suppe brausend rausgequollen.
  Rühren Sie beizeiten,
  statt nach allen Seiten
hinterher mit Grollen arg zu schmollen.

Widerlegtes Vorurteil

Es war einmal ein Bürokrat
kein kleinstes bisschen fad.

Theater?

Er versichert seine Treue
stets aufs Neue –
möcht', dass seine Frau sich freue.

Konversation

Es war mal ein Büro –
dort drosch man eifrig leeres Stroh.

Arbeitsbeginn eines Schulentlassenen

Vorbei
ist zweifelsfrei
die Trödelei.

Elefant im Porzellanladen

Zu Boden fiel Geschirr,
erschreckend laut erscholl Geklirr.

Auf der Kirmes gewonnen

Was sieht man aus der Truhe ragen,
die Sie nach Haus in Ruhe tragen?

Lektoratssekretärin

Angesichts des Blicks
vom Herrn Verfasser:
Blass und immer blasser
wurde sie einst fix.

Unbeholfen

Tücken zeigt die Technik mir –
als toller Tollpatsch steh' ich hier.

Helles Köpfchen

Es war mal eine Birke
auf ihren Stamm sehr stolz:
"Bin ohne Frag' aus anderm Holz,
weil ich sogar im Dunkeln wirke."

Nebenerwerb

Im Urlaub musst' ich tagelöhnern,
um jetzt den Winter zu verschönern.

Teuer

Eine Betrachtung
gab es mal nächtlich:
Die Hier-Übernachtung
kostet beträchtlich.

Trampelige Kavaliere

Ute will beim Tanz
mit jenen Gästen
die Eleganz
von denen testen.

Stumme Kommunikation

Erblickten einst Besucher mein Aquarium,
so nickten sie in dies Szenarium.

Anfang vom Ende

Verdacht ist jeder Freundschaft Gift –
vor allem, wenn ins Schwarze dieser trifft.

Verständlich?

Es kamen mal Beschwerden
von wunderschönen Pferden,
die lieber ihre Ruhe wollten,
sooft sie Reiter tragen sollten.

Niedrig

Hab' mich mit Verdruss gebückt
und kleinlaut in den Bus gedrückt.

Umzug und Transportarbeiter

Es gab mal 'ne klare Bemerkung:
"Willkommen wär' jetzt eine Stärkung!"

Finanzamt

Es gehört zu korrektem Verhalten:
Genauestens muss man Belege verwalten.

Herr Permaneder

Es wurde mal ein Bayer
in Lübeck zum ersehnten Freier.

Warnender Unterton

Du willst dich wohl erfrechen,
dein Versprechen
dreist zu brechen?!

Im Dezember empfunden
****

Pfirsiche

Zum Baume des Nachbarn
bin einst ich gelaufen,
hab' hungrigen Blickes
die Früchte bestaunt -
und wollte die prächtigsten kaufen.

"So ernten Sie fleißig,
gratis sind dreißig",
meinte der Freundliche strahlend gelaunt.

Gewissensfrage

Hast du wenig oder viel Verstand?
Schleunigst Farbe jetzt bekannt!
Ehrlich sein statt arrogant!

Verdeckt - versteckt

Es waren einmal Bärte,
von denen ich erklärte:
Die Träger zeigten nicht
ihr Gesicht.

Ein Spaßvogel meint es ernst

Im Vertraun:
Auch ein Clown
liebt die Fraun.

Text zur Übung der Aussprache

Es tranken einst ein Baronesschen
und ein hübsch Komtesschen
Saft aus einem Fässchen.

Sie sahen ein Prinzesschen
stolzieren durch das Gässchen.

Kleingärtner

Der Vetter spricht beredt:
"Ach bitte geht
vom besten Beet!"

Verschiedene Ziele

Einst besuchte eine Baroness Rhodesien,
ihr Herr Freund indes Tunesien.

Romantik im Park

Vöglein haben voller Lust getrillert,
Blumen prächtig-bunt geschillert,
Blätter sich ganz leicht bewegt. -
Pärchen küssten sich höchst angeregt.

Schmierfinken

Es waren mal Banausen,
im Kopfe hatten sie nur Flausen,
markierten weltberühmte Maler -
welch Irrtum, welch fataler!

Gesellschaftsreise

Volker hat mit keiner
Fahrtgenossin angebandelt
- nicht mit einer -,
weil er ständig in der Tat
auf dem unbequemen Pfad
absoluter Tugend wandelt.

Ist mitunter zwar geschlichen,
nie hingegen abgewichen.

Grafiker in Bonbonfabrik

Wie er sich einst für Bagatellen mühte?
Der Künstler schuf 'ne Karamellentüte.

Der Feuilletonchef seufzt

Ach wär'
der Volontär
nicht so vulgär!

Phon

Es war einmal ein Bad zum Schwimmen,
man hörte weithin, wo –
denn dort ertönten viele Stimmen:
erquickt und munter-froh.

Sammler

Radeln
durch den Wald
für Kräutertee?

Tadeln
wird dies bald
gar manches Reh.

Fußbad

Es war einmal ein Bach,
der blieb im Ganzen flach;
man konnte drin spazieren gehn -
desgleichen wie ein Denkmal stehn.

Aqua plus

Sie möchten sich erfrischen?
Wasser mit Zitrone mischen!

Galileo G.

Es war einmal ein Astronom –
der schwamm beflissen gegen wessen Strom?

Frische Luft

Schön ist's,
durch die Welt zu schlendern,
ob's warm wird
oder dichte Flocken schneit.

Wir können
ja das Wetter doch nicht ändern,
sind trotz aller Technik
keineswegs so weit.

Hochzeitsgeschenk

Dank Arbeit recht betucht
war einstens ein Geselle;
für seine Braut gesucht
hat er 'ne goldne "Bagatelle".

Komplizierte Kunst

Viele Werke - preisgekrönt -
sind beim Publikum verpönt.

Erinnerung an Sommerfreuden

Es waren einmal Aprikosen
im Garten reif parat -
und herrlich stolze Rosen
verströmten Düfte delikat.

In Zukunft vorsichtig

Erreicht ist oft das Wesentliche,
kommt man Leuten auf die Schliche.

Auktion

Es waren mal Antiquitäten,
welche die Erben verschmähten.

Übern Erlös
wurden sie keine Spur bös.

Teil des Trainings

Vorm Wettkampf sind Athleten
Asketen.

Vom Winde gewirbelt

Einst "tauschten" zwo Anrainer Laub
und lauschten sodann einer Taub'.

Strand ohne Strandleben

Im Winter zahlen Sie für jene Reise
die Hälfte nur vom Sommerpreise -
recht leer zudem der Ort und leise.

Vom Müller und seiner Frau

Ihr Anliegen war ihm Befehl:
Eifrig und fidel
sorgte er für Mehl.

Mansarde ohne Lift hält fit

Mein Wohnraum: hoch vier Treppen!
Aber das ist gar nicht schlimm,
weil ich mich beim Schleppen
meiner Einkäuf' gerne trimm'.

Fruchtbar

Es war einmal 'ne Alm,
dort wuchs so mancher Halm,
daneben Edelweiß –
verkauft zu äußerst stolzem Preis.

Klassiker

Manches Zitat
ist vergessen - wie schad'!

Ehrenamtlich

Es war einmal ein Advokat,
gab kostenlos und freudig Rat.

Inhalt
******